MELHORES
POEMAS

Guilherme de Almeida

Direção
EDLA VAN STEEN

MELHORES
POEMAS

Guilherme de Almeida

Seleção
CARLOS VOGT

© Guilherme de Almeida, 1993

2ª EDIÇÃO, 2001

Diretor Editorial
JEFFERSON L. ALVES

Diagramação
SÍLVIA CRISTINA DOTTA

Revisão
SÍLVIA CRISTINA DOTTA
THAIS SALLES DE FARIA

Dados Internacionais de Catalogação na Publicação (CIP)
(Câmara Brasileira do Livro, SP, Brasil)

Almeida, Guilherme de, 1890-1969.
 Os melhores poemas de Guilherme de Almeida / seleção de Carlos Vogt – 2ª ed. – São Paulo : Global, 2001. (Os melhores poemas ; 28)

Bibliografia.
ISBN 85-260-0325-9

1. Poesia brasileira – Coletâneas 2. Almeida, Guilherme de, 1890-1969 – I. Vogt, Carlos, 1943- II. Título. III. Série.

93-2828 CDD–869.9108004

Índice para catálogo sistemático:

1. Coletâneas : Poesia : Século 20 : Literatura brasileira 869.9108004
2. Século 20 : Poesia : Coletâneas : Literatura brasileira 869.9108004

Direitos Reservados

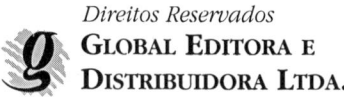
GLOBAL EDITORA E
DISTRIBUIDORA LTDA.

Rua Pirapitingüi, 111 – Liberdade
CEP: 01508-020 – São Paulo – SP
Tel.: (11) 3277-7999 – Fax: (11) 3277-8141
E.mail: global@globaleditora.com.br

Colabore com a produção científica e cultural.
Proibida a reprodução total ou parcial desta obra sem a autorização do editor.

Nº DE CATÁLOGO: **1909**

Carlos Vogt nasceu em Sales Oliveira (SP), em 6 de fevereiro de 1943. Poeta e lingüista, está ligado, desde 1969, como professor, ao Instituto de Estudos da Linguagem da Universidade Estadual de Campinas (Unicamp), da qual foi vice-reitor no período 1986-1990. Em abril de 1990, tornou-se reitor da mesma universidade.

Obra como lingüista e ensaísta: *O Intervalo Semântico* (1977), *Linguagem, Pragmática e Ideologia* (1980), *Caminhos Cruzados* (1982), *Cronistas e Viajantes* (1982), *Nelson Rodrigues — Flor de Obsessão* (1985), *Crítica Ligeira* (1989), *Escrituras* (1989). Em 1991 traduziu e publicou o ensaio *Sobre a Leitura*, de Marcel Proust.

Obra poética: *Cantografia — O Itinerário do Carteiro Cartógrafo* (1982), *Paisagem Doméstica* (1984), *Geração* (1985) e *Metalurgia* (1991).

SUMÁRIO

Um romântico entre futuristas 11

PRIMEIRA FASE: O ÚLTIMO ROMÂNTICO

Coração 21
Os varredores 22
Morte 24
Na cidade da névoa 26
Os mostradores 27
As torres 28
Os últimos românticos 30
Pelas estradas silenciosas... 31
Saudade 32
Felicidade 33
Nós — VI 34
Nós — VIII 34
Nós — XXIII 35
Nós — XXV 35
A dança das horas 36
A exaltação dos sentidos 38
Fetichismo 39
O espelho 40
O indiferente 42
A tentação 43
As caravanas 45

Como essas coisas começam 46
A espera 47
No ascensor 48

SEGUNDA FASE: O ESPÍRITO MODERNO

Abracadabra 51
II — Cubismo 53
Realidade 54
Alguém passou 55
Pijama 56
A canção do tédio 57
Canção *beige* 58
Cantiga das rimas paupérrimas 59
A rua das rimas 60
Onda 61
Epígrafe 62
O vaso 63
O mestre 64
Fogo na montanha 65
O festim — I 66
O festim — VII 67
O festim — XV 68
Prelúdio nº 2 70
Prelúdio nº 3 70
Gramofone 71
Cartaz 71

TERCEIRA FASE: MATURIDADE

Solidão 75
Insônia 75
Romance do silêncio 76
Big city blues 77
Uma carta extraviada 78
Carta à minha alma 79
O poema das mãos 80

A hóspede	82
Segunda canção do peregrino	83
Assim...	84
O pensamento	85
Hora de ter saudade	85
Caridade	85
Aquele dia	85
Silêncio	86
A insônia	86
Mocidade	86
História de algumas vidas	86
Infância	86
Lembrança	87
O poeta	87
Cigarra	87
Garoa	87
Nós dois	87
Cigarro	88
Consolo	88
Velhice	88
Chuva de primavera	88
Meio-dia	89
Noturno	89
Mercado de flores	89
N — W	89
Equinóxio	90
O sono	90
Um ritmo da vida	90
Os andaimes	90
Tristeza	91
Pernilongo	91
Pescaria	91
Outono	91
Janeiro	92
De noite	92
Quiriri	92

Passado	92
Filosofia	93
Um salgueiro	93
Vento de maio	93
Frio	93
Outubro	94
O boêmio	94
Festa móvel	94
Romance	94
O haicai	94
Paraíso perdido que eu achei!	95
Definição de poesia	96
A idéia	96
Esquinas	97
Álibi	97
Acalanto	98
A voz remota	98
Vontade	99
Luz amarela	99
Adolescência	100
Passado	100
Oblivion	101
Participação	101
Convite à poesia	102
Canção do expedicionário	103
As três meninas	106
Branca rosa	107
Rua	108
BIOGRAFIA	109
BIBLIOGRAFIA	111

UM ROMÂNTICO ENTRE FUTURISTAS

Dos poetas que abraçaram as idéias de renovação estética no início dos anos 20, na Paulicéia de Mário de Andrade, Menotti Del Picchia e Cassiano Ricardo, os menos jovens eram Oswald de Andrade e Guilherme de Almeida. Tinham, ambos, 31 anos quando soaram os clarins da Semana da Arte Moderna, em fevereiro de 1922, sacudindo os lustres do Teatro Municipal de São Paulo. Os demais estavam ainda na casa dos 20. E tinham quase toda a sua obra por fazer, inclusive Oswald.

Guilherme de Almeida, ao contrário, já era poeta de nove livros e seus poemas de sabor romântico e apurada técnica parnasiana andavam nas mãos de todas as moças instruídas e de um sem-número de jovens poetas que desejavam imitá-lo. Não havia tertúlia literária em que alguém não se apresentasse para declamar o seu difundidíssimo "Coração", com ênfase infalível no penúltimo quarteto:

*Tudo muda, tudo passa
neste mundo de ilusão;
vai para o céu a fumaça,
fica na terra o carvão.*

Mas agora, em 1922, os tempos eram outros e para muita gente a grande poesia tinha morrido com Olavo Bilac em 1918. Raimundo Correia, Alberto de Oliveira e Olegário Mariano continuavam vivos e produzindo, mas parecia claro que o Parnasianismo estava esgotado como escola poética. Chegavam notícias de que na Europa os movimentos de vanguarda tinham tomado conta do panorama artístico, revolucionando a prosa e a poesia, a pintura e a música. Os "revolucionários" da nova poesia européia (Marinetti, Apollinaire, Tristan Tzara, André Breton e tantos outros) diziam que o mundo havia se transformado com o cinema, o automóvel e com o ritmo acelerado da moderna civilização industrial. Para eles, a poesia também devia mudar ou então morria com o século que ficara para trás.

No Brasil do ano da Independência, a importação desse ideário de modernidade estética encontraria campo fértil em seu correlato político. Não por acaso os poetas da Semana receberam todo o apoio estratégico necessário para a deflagração de seu movimento. Menotti Del Picchia e Guilherme de Almeida, ambos bem situados na imprensa paulistana, eram amigos pessoais de Washington Luís, na época chefe do governo de São Paulo e depois presidente da República.

Durante algum tempo — de 1922 a 1929, aproximadamente — a construção de uma nacionalidade própria foi projeto comum aos poetas e a setores importantes da classe dirigente. Para esta, tratava-se de tirar o país de seu atavismo agrário e fazê-lo ingressar na era da industrialização; para os poetas, naturalmente, a "revolução" situava-se no plano da linguagem: a conquista do verso livre, a busca de um modo de sentir genuinamente brasileiro e o uso de uma linguagem mais condizente com a oralidade e a liberdade sintática do povo.

Considerando a obra já vasta de Guilherme de Almeida até aquele momento, isso não tinha muito a ver com ele. Idealista? Sem dúvida. Nacionalista? Certamente. Mas tanto sua linguagem quanto seu arsenal de imagens poéticas eram claramente europeizantes, repletos de *spleens*, brumas, campanários e ânforas. A rigor, estava ali uma "poesia de meios-tons, sugestões do mundo e da alma, um intenso sentimento da beleza e certo preciosismo sentimental e formal" (Antonio Candido). Seus temas preferidos eram (e continuariam sendo até o fim da vida) os clássicos e atemporais: a distância, o exílio, a nostalgia, o heroísmo e a transcendência. Como na expressão de um crítico, onde Mário e Oswald queriam ver tucanos e sabiás, Guilherme continuava a ver rouxinóis.

O que o teria aproximado, nesse caso, dos modernistas? Talvez fosse mais apropriado dizer que os modernistas se aproximaram dele. Por razões muito compreensíveis, valeram-se de seu prestígio para tornar mais aceitável o programa da reforma. Nesse sentido, seu papel na campanha modernista pode ser comparado ao de Graça Aranha, cuja adesão foi prontamente aceita porque seu renome como romancista emprestava credibilidade ao movimento. O certo é que, já em meados de 1921, era na casa de Tácito de Almeida, irmão de Guilherme, que os modernistas se reuniam para planejar os "festivais de arte" da Semana. Guilherme participaria recitando dois poemas — "As Galeras" e "Os Discóbulos" — aos quais teve de dar apressadamente um tratamento moderno. Ambos constam, em sua forma nova, no livro *A Frauta que Eu Perdi (Canções Gregas)*.

O ÚLTIMO ROMÂNTICO

Nascido em lar tradicional e monarquista (Campinas, 1890), Guilherme de Almeida estava fadado a refletir em suas obras o ambiente afrancesado das duas primeiras décadas do século. Era isso o que a poesia dita culta requeria, naqueles anos. Basta ver que suas primeiras obras, ambas de 1916, foram duas pequenas peças teatrais escritas de parceria com Oswald de Andrade... em francês! Foi ao Consulado Geral da França que, dois anos antes, tendo estourado a Primeira Grande Guerra, ele se apresentou como voluntário para lutar contra os alemães. Fosse aceito, e não teria freqüentado os saraus literários do senador Freitas Valle, mais tarde patrocinador dos modernistas, e cujo pseudônimo poético era Jacques dAvray.

Sua verdadeira estréia literária deu-se em 1917, com o livro *Nós*, que antes de ser publicado foi cuidadosamente lido e revisado por ninguém menos que Vicente de Carvalho, um dos poetas de maior prestígio da época. As ilustrações foram confiadas a Correia Dias, o que já antecipa o cuidado gráfico que Guilherme sempre dispensaria a seus livros, cujas belas edições se tornariam, com o tempo, objeto de exposição. Ainda que levasse uma descompostura crítica do velho Antônio Torres, que achou os poemas "levianos", o livro foi sucesso de público. O caminho estava aberto. E rapidamente os títulos se sucederam: *A Dança das Horas* (1919), *Messidor* (1919), *Livro de Horas de Sóror Dolorosa* (1920), *Era Uma Vez...* (1922).

Assim, quando a campanha modernista começou e os jornais passaram a abrir espaço a adeptos e refratários, foi a adesão de Guilherme o que mais magoou os conservadores. Houve queixas de todos os lados. Guilherme, por seu lado, realmente se esforçava por dar uma tonalidade nova a sua poesia. Como nos versos de "O mestre":

Ele era velho.
Ele era belo.
E era bom como o pão, e era puro como a água.
A sua barba branca e larga
era uma estriga de linho
num fuso de marfim velho. Ele era sozinho.
E era cego, principalmente.

Note-se que o poeta condescendeu em dispensar a rima e a métrica, mas a alma romântica continua. Durante toda a vida, Guilherme oscilaria entre a renovação e a tradição. Mário de Andrade dizia que ele era capaz de quebrar um verso em dois só para ter o capricho de uma rima. Manuel Bandeira soube entendê-lo melhor, quando disse: "O verso livre de Guilherme tem as regras que o poeta estabeleceu para seu uso". Em outras palavras: se a poesia conquistou sua liberdade, deve ser também livre para rimar quando quiser. Em seus últimos livros — *Pequeno Romanceiro* (1957), *Rua* (1961) e *Rosamor* (1965) —, o poeta volta a usar abundantemente os recursos mais canônicos da poesia, transitando pelo soneto e pelos ritmos provençais.

Para os poetas rebeldes dos anos 20, isso nunca pareceu um problema real: Guilherme era aceito como era, e representava, muito adequadamente aliás, a face romântica do movimento. Continuava sendo consumido por grande número de leitores e tornava assim mais palatável o Modernismo às camadas mais conservadoras da opinião pública. Numa época em que Mário e Oswald eram tidos por doidos, Guilherme era a voz sensata que falava por eles.

O PRÍNCIPE DOS POETAS

Se Guilherme vinha se revelando um poeta produtivo desde sua estréia em 1917, a Semana e a campanha modernista funcionaram nele como um novo disparador. Nos três anos seguintes, acrescentaria à sua bibliografia nada menos que cinco títulos: *A Frauta que Eu Perdi* (1924), *Meu, Raça, A Flor que Foi um Homem* e *Encantamento*, todos de 1925, ano que foi um verdadeiro prodígio editorial para ele. Seu nome como poeta — e poeta futurista, segundo o jargão da época — já estava consolidado e, a partir daí, mais talvez que qualquer outro integrante do movimento, ele seria figura pública requisitadíssima.

No longo período que se seguiu até o fim da Segunda Grande Guerra, Guilherme tentou se transformar no "homem prático" que ele havia caricaturado em alguns de seus poemas. Sem dúvida concorreu para isso o casamento em 1925 e a necessidade de definir seu futuro profissional. Durante anos complementou seu magro orçamento de secretário de escola normal com uma dupla (às vezes tripla) jornada de jornalista e cronista de cinema. De 1925 a 1947 (um intervalo de 22 anos) escreveu apenas um novo livro de poemas, *Você* (1931). Tudo o mais foram compilações de poemas já publicados, traduções ou reuniões de livros anteriores. Foi também o período de sua fase "épica", quando se envolveu com a causa constitucionalista e alistou-se como soldado raso na revolução de 1932. Por conta disso ficou exilado durante um ano em Portugal, onde foi recebido como herói e "um dos maiores poetas da língua".

Os poemas heróicos e as canções marciais de Guilherme compõem, ao lado dos versos que escreveu sob a influência de Paul Géraldy, nos anos 30 e 40, a parte mais fraca de sua obra. Mas não a menos popular. Milhões de pessoas cantaram alguma vez a sua "Canção do Expedicionário". Em certa época ele se tornou mesmo uma espécie de poeta oficial, chegando a ser proclamado, em 1959, após votação feita nacionalmente, Príncipe dos Poetas Brasileiros. Coberto de títulos e condecorações, entregou-se a um turbilhão social que o cumulou de encargos públicos em geral honrosos, mas nunca remunerados. Continuava o mesmo secretário de escola de bairro.

OS ÚLTIMOS ANOS

Guilherme de Almeida morreu em 1969, treze dias antes de completar 79 anos de idade. Deixou 27 livros de poemas, seis volumes de prosa e quatro obras traduzidas do francês. Em 1952 a Livraria Martins reuniu em seis volumes a íntegra de sua obra poética produzida até então, mas de lá para cá nenhum outro esforço foi feito nesse sentido. O acesso a seus livros posteriores, raramente reeditados, tornouse difícil. Até aqui, biógrafo algum debruçou-se sobre a sua vida tumultuada e fascinante, a não ser em rápidos preâmbulos de coletâneas que por vezes o contemplam.

Entretanto, é a última fase da obra de Guilherme de Almeida que mostra o velho mestre na plenitude de sua experiência. Com expressão renovada, linguagem elíptica e um verso mais seco, ele busca por assim dizer a síntese de si mesmo. Há menos derramamento lírico num poema como "Rua", do livro homônimo de 1961, mas certamente há mais técnica e não menos emoção. Note-se o tom vagamente cabralino:

*A rua mastiga
os homens: mandíbulas
de asfalto, argamassa,
cimento, pedra e aço.*

Para quem começou sua existência de poeta sob a influência crepuscular de Antônio Nobre, Verlaine e Oscar Wilde, terminar enxuto como um haicai japonês (a cuja tradução Guilherme realmente se dedicou, nos últimos anos) é prova de surpreendente vitalidade. Seus temas podem ser os mesmos, mas a maneira de tratá-los nunca é igual. De monotonia, aliás, seus leitores nunca se queixaram: cada um de seus livros é uma unidade em si, diferente dos outros. E quanto a seu lugar na história dos poetas da língua, especialmente a dos poetas que se dedicaram a renová-la, deve-se levar em conta o que dele disse Afrânio Coutinho: "Os livros de Guilherme de Almeida demonstram que é falso o conceito de ruptura como fase puramente destruidora; houve construção, e construção que em certos casos atingiu o nível do virtuosismo".

POEMAS

PRIMEIRA FASE

O ÚLTIMO ROMÂNTICO

CORAÇÃO

Lembrança, quanta lembrança
dos tempos que já lá vão!
Minha vida de criança,
minha bolha de sabão!

Infância, que sorte cega,
que ventania cruel,
que enxurrada te carrega,
meu barquinho de papel?

Como vais, como te apartas,
e que sozinho que estou!
Ó meu castelo de cartas,
quem foi que te derrubou?

Tudo muda, tudo passa
neste mundo de ilusão;
vai para o céu a fumaça,
fica na terra o carvão.

Mas sempre, sem que te iludas,
cantando num mesmo tom,
só tu, coração, não mudas,
porque és puro e porque és bom!

OS VARREDORES

Os varredores, mudos de assombro,
sacola ao lado, vassoura ao ombro,
passam nas noites enfeitiçadas.
Vão tropeçando na mancha oblonga
das suas sombras, que a luz alonga,
que a luz alonga sobre as calçadas.
Botas ferradas, chapéu de oleado,
vassoura ao ombro, sacola ao lado,
vão cabisbaixos os varredores.
Vão... E os nevoeiros, num arrepio,
dão-lhes um brilho cortante e frio,
sob a luz boêmia dos combustores.

E, assim lustrosos pelos nevoeiros,
parecem grupos de cavaleiros:
vão de armadura tão luzidia,
numa cruzada contínua e insana,
para a conquista cotidiana
do pão bendito de cada dia.

Varrem e varrem... Vão sob o açoite
do vento, e o pranto de Dona Noite,
até o sorriso de Dona Aurora.
E eles — coitados! — que, sendo honestos,
nada guardaram, varrem os restos
dos que tiveram para pôr fora!

Nas noites suaves de primavera,
quando soluçam pela atmosfera
beijos, e os peitos moços latejam,
que triste inveja devem ter eles
da juventude feliz, daqueles
que ainda são moços, que ainda se beijam!

Nas noites claras de estio, quando
doridamente vai soluçando
nas ruas mortas a serenata,
no cadenciado mover dos braços
os varredores marcam compassos
da cantilena que os arrebata.

Por estas noites feias de outono,
tristes, cansados, tontos de sono,
perpassam mudos os varredores...
Há tantas folhas pelas calçadas!
Há tantas casas iluminadas!
Nas suas casas há tantas dores!

Nas noites de frio de inverno, enquanto
dormem os ricos, cheios de espanto
vão cabisbaixos os varredores...
Vão... E os nevoeiros, num arrepio,
dão-lhes um brilho cortante e frio
sob a luz boêmia dos combustores...

Na nossa vida, mudos de assombro,
sacola ao lado, vassoura ao ombro,
passam os dias, passam os anos...
Vão tropeçando na mancha oblonga
das suas sombras, que a luz alonga
sobre o caminho dos desenganos...

Varrem no estio, na primavera,
varrem no outono, no inverno... E o que era
da nossa vida de sonhadores
— sonho de velho, de adolescente... —
desaparece subitamente
sob a vassoura dos varredores...

MORTE

Pois se ela tem que vir, que venha ao menos
    num domingo de sol!
Que a manhã seja clara, os céus serenos,
    bem alvo o meu lençol!
Alvíssimo: da cor das coisas puras.
Eu gosto dessa cor.
Detesto o negro, o luto, as amarguras,
a tristeza... Que horror!

Que os sinos cantem, nessa madrugada,
    bem altos: dlon! dlin! dlan!
E passe muita gente endomingada,
    no ar fresco da manhã!

Vestidos claros, de limpeza extrema,
    em que o tempo veloz
guarda as dobras e o cheiro de alfazema
    das arcas dos avós...

Que perpassem, de leve, nas calçadas,
    com muita devoção,
criancinhas saudáveis e enfeitadas,
    que vêm da comunhão!

Que desfilem, na rua, as orfãzinhas
    de olhar casto e infantil,
nas suas saias muito engomadinhas,
    carregadas de anil!

E que as boas velhinhas, escutando
   os sinos — dlon! dlin! dlan! —
   passem muito felizes, tropeçando
   nos seus chales de lã!

Que haja sol, que haja luz, que haja alegria
   no dia em que ela vier!
Porque a terra terá, doce e macia,
   um calor de mulher...

E eu passarei, no meio desse povo
   religioso e feliz,
endomingado, no meu terno novo,
   sapatos de verniz...

Se tudo for assim alegre e puro
   no dia em que eu morrer,
eu levarei, no meu caixão escuro,
   vontade de viver!

NA CIDADE DA NÉVOA

Na Cidade da Névoa um triste abril desfolha
os plátanos da rua. Um tédio longo e lento
desce numa neblina e friamente molha
a desanimação do pardo calçamento.

O vento anda a arrepiar a pele dos telhados
e a arrastar pelo chão as folhas amarelas,
deixando, no torpor das ruas paralelas,
um nervoso ranger de tafetás molhados.

O mês de abril empoa os céus de cinza e pinta
as árvores de cromo. O mês de abril tem trinta
Quartas-Feiras-de-Cinza: e a Cidade desfia
trinta dias de *spleen* e de neurastenia.

Cinzento mês de abril, ó mês tuberculoso!
A Cidade parece o asilo silencioso
onde tossem, dorida e ininterruptamente,
as torres, o arvoredo e os magros combustores.

Dobram sinos: e os campanários cismadores
pelas tardes de abril têm acessos de tosse
que vêm despedaçar o coração da gente.
Nas alamedas passa um ventozinho doce:
e curvando-se então os plátanos corcundas
põem-se a tossir. E os combustores tossem quando,
nestas noites de outono escuras e profundas,
assobiam na rua os contagiosos ventos
e as chuvas outonais escorrem acordando
nos caixilhos de ferro os vidros sonolentos.

E as neblinas da noite, irmãs-de-caridade,
passam sob o adejar do linho dos capuzes.

Redobram de furor, nas ruas da Cidade,
hemoptises de sons, de folhas e de luzes.

OS MOSTRADORES

Nas ruas da Cidade, os brancos mostradores
dos relógios parecem olhos cismadores:
olhos sem vida, olhos de morto, olhos vidrados,
rasgados no perfil das torres pensativas,

na carranca senil das fachadas, rasgados
na desanimação das longas perspectivas
e na fisionomia extática das praças.
Pupilas que não vêem, grandes pupilas baças
que vivem a chorar, amarga, aborrecida
e interminavelmente, as lágrimas das horas,
as lágrimas de bronze, as lágrimas sonoras
que rolam pela rua e pela nossa vida...

Os mostradores são eternas sentinelas
e os seus ponteiros são eternas baionetas.
"Quem vem lá? Quem vem lá?" — e as grandes
[pontas pretas
avançam sempre...
　　　　Os mostradores são janelas
em que o Tempo debruça o busto milenário
para ver desfilar a procissão humana:
velho monge de longa barba soberana,
ele põe-se a virar as folhas do Breviário
das horas que se vão, das horas que envelhecem,
e a soluçar sozinho os seus *Kyrie Eleisons*...

De noite, os mostradores vão-se iluminando
e, redondos e brancos, no alto, eles parecem
luas artificiais que vivem derramando
pela Cidade morta o seu luar de sons...

AS TORRES

Ó torres da Cidade, ó grandes torres pardas
erguidas no esplendor dos ares cristalinos;
ó ninhos de granito, ó poéticas mansardas,
sonora habitação das aves e dos sinos!

Ó campanários onde os bronzes cantam e onde
cantam aves do céu nas madrugadas suaves:
onde o metal pergunta e o pássaro responde:
ó Torres de Babel dos sinos e das aves!

Torres cinzentas, ó campanários eternos
em cuja flecha audaz que o próprio raio afronta
cantou tão forte o sino e os pássaros tão ternos
que o galo de metal emudeceu na ponta!

Matusaléns de pedra, ó belas torres altas!
Banha-as em prata a lua; o velho sol, acaso
namorado, lhes dá beijos de luz; esmalta-as
o carmim da alvorada e o vermelhão do ocaso.

Altas torres, faróis do som, nobres e alertas;
gigantes de granito e de fidelidade:
seus arcos ogivais são pálpebras abertas
velando a vida, a paz, o sono da Cidade.

Parece que os retalhos sujos dos telhados
são páginas de um livro antigo que se estendem
sob as torres, ou são *in-folios* desbotados
que as torres vivem lendo e que elas só entendem.

Torres sentimentais, ó longas torres boêmias
que vivem a cantar sob o balcão da lua!
São como elas também, são suas irmãs gêmeas
as almas dos violões que choram pela rua...

Quando, do trem-de-ferro, acima de um barranco,
já não vejo senão a torre de uma igreja,
tenho a doce impressão de que essa flecha seja
o derradeiro adeus do casario branco.

E, quando chego, é sempre, sempre a mesma torre
que surge no horizonte a dar-me a boa-vinda:
e enquanto digo "Já?", no trem que corre e corre,
a torre, lá de longe, é que responde: "Ainda?"...

OS ÚLTIMOS ROMÂNTICOS

Deixas, enquanto o luar branqueia o espaço,
pela escada de seda, o parapeito...
E vens, leve e ainda quente do teu leito,
como um sono de tule, por meu braço...

Somos o par mais poético e perfeito
dos últimos românticos... Teu passo,
cantando no jardim, marca o compasso
do coração que bate no meu peito.

Depois partes e eu fico. E às escondidas,
sobre a volúpia verde das alfombras,
minha sombra confunde-se na tua...

Ah! pudessem fundir-se nossas vidas
como se fundem nossas duas sombras,
sob o mistério pálido da lua!

PELAS ESTRADAS SILENCIOSAS...

Pelas estradas silenciosas
andam sonhando os namorados...
Cantam os anjos debruçados
no céu, na terra, abrem-se as rosas...
Andam sonhando os namorados
pelas estradas silenciosas...

   Ó namorados, cautela,
   que os anjos podem chorar!
   Ó namorados, cautela,
   que as rosas podem murchar!

Pelo silêncio das estradas
beijam-se os noivos, ao sol-posto...
Tímida, a tarde esconde o rosto,
e as nuvens, no alto, estão coradas...
Beijam-se os noivos, ao sol-posto,
pelo silêncio das estradas...

   Cuidado, noivos, cuidado,
   que as nuvens vos podem ver!
   Cuidado, noivos, cuidado,
   que a tarde pode sofrer!

Pelo sossego dos caminhos
os namorados vão chorando...
Piscam estrelas, namorando;
cheios de paz, dormem os ninhos...
Os namorados vão chorando,
pelo sossego dos caminhos...

   Ó noivos, chorai baixinho,
   que as estrelas podem rir!
   Ó noivos, chorai baixinho,
   que os ninhos podem sorrir!

SAUDADE

Só.
Para além da janela,
nem uma nuvem, nem uma folha amarela
manchando o dia de ouro em pó...
Mas, aqui dentro, quanta bruma,
quanta folha caindo, uma por uma,
dentro da vida de quem vive só!

Só — palavra fingida,
palavra inútil, pois quem sente
saudade, nunca está sozinho: e a gente
tem saudade de tudo nesta vida...
De tudo! De uma espera
por uma tarde azul de primavera;
de um silêncio; da música de um pé
cantando pela escada;
de um véu erguido; de uma boca abandonada;
de um divã; de um adeus; de uma lágrima até!

No entanto, no momento,
tudo isso passa
na asa do vento,
como um simples novelo de fumaça...
E é só depois de velho, uma tarde esquecida,
que a gente se supreende a resmungar:
"Foi tudo o que vivi de toda a minha vida!"
E começa a chorar...

FELICIDADE

Ela veio bater à minha porta
e falou-me, a sorrir, subindo a escada:
"Bom dia, árvore velha e desfolhada!"
E eu respondi: "Bom dia, filha morta!"

Entrou: e nunca mais me disse nada...
Até que um dia (quando, pouco importa!)
houve canções na ramaria torta
e houve bandos de noivos pela estrada...

Então chamou-me e disse: "Vou-me embora!
Sou a Felicidade! Vive agora
da lembrança do muito que te fiz!"

E foi assim que, em plena primavera,
só quando ela partiu, contou quem era...
E nunca mais eu me senti feliz!

NÓS — VI

Espero-te, pensando: "Ela não tarda...
Prometeu-me: há de vir"... E com que aflitas,
longas horas de angústia tu me agitas
o coração que, tímido, te aguarda!

E espero, tristes horas infinitas,
um momento de vida que retarda.
Súbito irrompes, trêmula e galharda,
numa nuvem de rendas e de fitas.

Vens a mim. Corro, tomo-te em meus braços,
e te estreito, estreitando mais os laços
do teu, do meu, do nosso grande amor.

E o teu beijo, o meu beijo, e os nossos beijos
são mil rosas vermelhas de desejos,
na primavera do teu corpo em flor.

NÓS — VIII

Lês um romance. Eu te contemplo. Ondeia,
lá fora, um vento muito leve e brando;
cheira a jasmins o varandim, brilhando
ao doentio clarão da lua cheia.

Vais lendo. E, enquanto tua mão folheia
o livro, eu vejo que, de quando em quando,
estremecendo, sacudindo, arfando,
teu corpo todo num delírio anseia.

Lês. São cenas de amor: o encontro, o ciúme,
idílios, beijos ao luar... Perfume
que sobe da alma, e gira, e se desfaz...

Vais lendo. E tu não sabes que, sozinho,
eu te sigo, eu te sinto, eu te adivinho,
lendo em teus olhos o que lendo estás.

NÓS — XXIII

Eu não fui mais que um cético suicida
que passou, pelo mundo, indiferente,
a passos leves, esbanjando a vida
prodigamente, perdulariamente.

"É um pobre moço! Um doido! Nem duvida
dessa mulher!" — dizia toda gente.
Mas eu passava de cabeça erguida
e te levava a vida de presente!

Dei-te quanto pediste. Ingênua e nua,
minha alma toda ficou sendo outrora
tua, só tua, unicamente tua.

Quis dar-te mais: tu nada mais quiseste!
Pelo bem que te fiz, padeço agora
a saudade do mal que me fizeste.

NÓS — XXV

O nosso ninho, a nossa casa, aquela
nossa despretensiosa água-furtada,
tinha sempre gerânios na sacada
e cortinas de tule na janela.

Dentro, rendas, cristais, flores... Em cada
canto, a mão da mulher amada e bela
punha um riso de graça. Tagarela,
teu canário cantava à minha estrada.

Cantava... E eu te entrevia, à luz incerta,
braços cruzados, muito branca, ao fundo,
no quadro claro da janela aberta.

Vias-me. E então, num súbito tremor,
fechavas a janela para o mundo
e me abrias os braços para o amor!

A DANÇA DAS HORAS

Frêmito de asas, vibração ligeira
    de pés alvos e nus,
que dançam, tontos, como dança a poeira
    numa réstea de luz...

São as horas, que descem por um fio
    de cabelo do sol,
e vivem num contínuo corrupio,
mais obedientes do que o girassol.

Dançando, as doze bailarinas tecem
    a vida; e, embora irmãs,
não se vêem, não se dão, não se parecem
    as doze tecelãs!

E, de mãos dadas, confundidas quase
    no invisível *sabbat*,
elas são silenciosas como a gaze,
ou farfalhantes como o tafetá.

Frágeis: têm a estrutura inconsciente
    da teia imaterial
que uma aranha teceu pacientemente
    nos teares de um rosal.

E, entre tules volantes, noite e dia,
    o alado torvelim
vertiginosamente rodopia,
numa elasticidade de Arlequim!

Vêm coroadas de rosas, num remoinho
    cambiante de ouro em pó:
cada rosa, que esconde o seu espinho,
    dura um minuto só.

Sessenta rosas, vivas como brasas,
    traz cada uma; e, ao bater
    da talagarça diáfana das asas,
    põem-se as coroas a resplandecer...

À proporção que gira à minha frente
    o bailado fugaz,
    cada grinalda, vagarosamente,
    aos poucos, se desfaz.

E quando as doze dançarinas, feitas
    de plumas, vão recuar,
levam as frontes, claras e perfeitas,
circundadas de espinhos, a sangrar...

Assim, depois que a estranha sarabanda
    na sombra se dilui,
penso, vendo o outro bando que ciranda
    em torno do que fui,

que há uma alma em cada gesto e em cada passo
    das horas que se vão:
pois fica a sombra de seu véu no espaço,
fica o silêncio de seus pés no chão!...

A EXALTAÇÃO DOS SENTIDOS

O outono despe os plátanos, tecendo,
    ao longo da alameda,
uma complicação de talagarça...
    Maquinalmente estendo
o olhar vadio: um turbilhão de seda
foge, num passo elástico de garça.

Sigo a silhueta: a curva ágil do salto
    toca, leve, o betume.
    Sigo-a... e, seguindo a sedução fugace
    daquela flor do asfalto,
embriaga-me um anônimo perfume
que é como um beijo que se evaporasse...

Alcanço-a, falo. E ela responde, a esmo,
    qualquer coisa que tange
no bojo azul da tarde de opala...
    E eu não distingo mesmo
se é sua voz de tafetá que range,
se é o ranger do vestido que me fala.

Toco-a de leve e com unção tamanha
    — a unção que o outono evoca —
que sinto apenas que por mim perpassa
    a sensação estranha
que acaricia os dedos de quem toca
um pensamento, um sonho, uma fumaça...

Beijo-a: sinto um sabor inédito e acre.
    E, beijando-a, parece
que a não beijei, mas que a provei... É como
    se uma flor cor de lacre
houvesse haurido o pólen, ou tivesse
mordido a polpa histérica de um pomo.

Deixo-a... Eu nunca supus que, eternamente,
    meus olhos, meu olfato,
meu paladar, meu tato e meus ouvidos
    sentiriam somente
essa que hoje é o meu êxtase insensato
e a eterna exaltação dos meus sentidos!

FETICHISMO

Sou fetichista, adoro tudo
que é teu: a página marcada
de um livro; o sono de veludo
da tua lânguida almofada;
um cravo esplêndido e vermelho
que morre; a vida singular
que tu puseste em cada espelho,
ao sortilégio de um olhar;

aquele acorde, aquela escala
que do teu piano andou suspensa
na ressonância desta sala;
a tua lâmpada; a presença
imperativa de um perfume:
o teu chapéu... — tudo afinal
que vem de ti, que te resume,
tem seu prestígio emocional!

E este contato voluptuoso
com tanta coisa evocativa
é tão sensual, tão delicioso
para minha alma sensitiva,
que espero, cheio de ansiedade,
cada momento em que te vais,
e chego mesmo a ter vontade
de que não voltes nunca mais!

O ESPELHO

O espelho põe na alcova abandonada
uma vida imprevista e delicada:

vida sutil que é tua própria vida,
que é uma presença pálida e esbatida

e que ele guarda no cristal, com ciúme,
como um frasco qualquer guarda um perfume.

E quando o poente desce e, lento e lento,
caminha devagar pelo aposento,

e a lâmpada abre as pálpebras e me olha,
e a derradeira rosa se desfolha,

e o olhar das jóias no teu cofre brilha,
e das cinzas de uma última pastilha,

no teu perfumador de ônix e jade,
sobe um perfume antigo de saudade

— eu me aproximo, sem me ver, do espelho
e, sem querer, não sei por que, me ajoelho.

Olho no fundo do cristal: e, rubro,
fresco e sensual como uma flor, descubro

teu sorriso; e pequeno, e doce, o pomo
do teu seio; e os olhos que são como

dois pensamentos materializados;
e os teus cabelos de ouro, alucinados;

e as tuas mãos, que são como dois lírios;
e os teus braços de cera, como círios

acesos de volúpia e de desejo;
e o teu corpo excitante como um beijo...

Olho-te assim, e te suplico, e rogo:
estendo as mãos e estendo a boca... E, logo,

mal o meu gesto o alcança, o vidro puro
faz-se enevoado e baço... E eu te procuro

no fundo calmo do cristal fanado:
quebrou-se o encanto... Em vão! tudo apagado!

Olho a alcova deserta e silenciosa:
dormiu a lâmpada; está morta a rosa;

sonham as jóias no teu cofre antigo;
e o teu perfumador guarda consigo,

como urna fúnebre, uma cinza clara,
que é o cadáver do aroma que passara...

Tudo o que em mim é vida: o alento mudo
da boca, o fogo do meu corpo, tudo

— como um inseto tímido que risca
a água dormente, perturbando a arisca

aparição da lua à flor de um lago —
desmancha o encanto misterioso e vago

da visão delicada de um momento,
mais fugidia do que um pensamento...

Será preciso que eu, ó sonho esquivo,
para alcançar-te, não esteja vivo?!

O INDIFERENTE

Ele passou no meu caminho,
    por acaso...
Morria um lírio, alvo e sozinho,
    no meu vaso;

rolava a tarde pela face
    do sol-posto,
como uma lágrima que andasse
    pelo rosto...

E ele não viu que desse pobre
    lírio doente
vinha este luto que me cobre
    tristemente;

e que essa tarde era tão cheia
    de amargura,
porque em meus olhos espelhei-a
    com ternura...

Nem viu que eu via, no seu vulto
    longo e lento,
o céu que o amor traz sempre oculto
    num momento;

que estas olheiras de saudades
    são exílios,
prendendo os olhos entre as grades
    dos meus cílios;

que a sua sombra, pela estrada,
    sobre a alfombra,
era minha alma disfarçada
    numa sombra;

que o coração, no seu compasso
    contrafeito,
marcava o ritmo do seu passo
    no meu peito;

que era o meu hálito sem calma
todo o encanto
da viração, que punha uma alma
no seu manto...

[...]

Mulheres... Movem-se como uma
    pluma ao vento...
Mas — ah! — quem é que empresta à pluma
    movimento?
Se o vento passa, a pluma faz-se
    de inconstante...
Mas fica a pluma: o vento... vai-se
    num instante!

A TENTAÇÃO

> *Media nocte surgebam...*
> PSA, CXVIII, HETH, 62

Por uma noite doida,
eu levantei-me toda
envolta em cinza e *spleen*,
e fui, a passo lento,
plantar meu pensamento
num canto do jardim.

A terra, clara e fria,
sonhava que era dia;
e, no jardim claustral,
as grandes flores loucas
beijavam, como bocas,
a noite tropical.

Havia, no ar parado,
perfumes de pecado,
clarões de olhos pagãos,
e músicas de beijo,
sabores de desejo,
contatos de alvas mãos...

E a noite voluptuosa
entrou-me — deliciosa
como um punhal de mel —
a carne, onde os sentidos
viviam esquecidos,
bebendo absinto e fel.

Então, na trama escura
daquela noite impura,
um desejo infernal
luziu e, num instante,
riscou, como um diamante,
minha alma de cristal.

Foi meu desejo louco
diluir-me, pouco a pouco,
nessa noite pagã,
para que o sol entrasse
como um amante, e amasse
meu corpo, de manhã...

Quando voltei à vida,
olhei, arrependida,
o céu sereno... E vi,
num risco, de repente,
uma estrela cadente
cair como eu caí.

AS CARAVANAS

Andam nuvens no céu: e eu sonho ao vê-las.
É a caravana branca, que passa
no Saara azul, erguendo a poeira das estrelas.
Alguém marcha na frente:
seu albornóz é de fumaça,
e seu alfanje é a curva débil do crescente...

Mas aonde irão os dromedários brancos?
E esses turbantes feitos de gazes?
E os palanques, gingando em bambos solavancos?
Aonde irão eles, aonde,
se não existe nem um oásis
nesse deserto de ar em que só Deus se esconde?!

E um mearista dos céus falou-me: "É para
a terra estéril que as caravanas
descem, levando a chuva, que é a alma deste Saara..."
— Ah! pudessem, um dia,
subir aos céus nuvens humanas,
numa lenta ascensão de almas em romaria!

COMO ESSAS COISAS COMEÇAM

Era uma vez... Mas eu nem sei como, onde, quando,
por que foi isso. Eu sei que ela estava dançando.
O *jazz-band* esgarçava o véu de uma doidice.
Ela olhou-me demais — e um amigo me disse:
— "Cuidado! É sempre assim que essas coisas começam!"

Estas frases banais, vazias, me interessam,
porque elas sempre têm, à flor de certas bocas,
a ressonância musical das coisas ocas.

Deixei meu sonho ecoar dentro daquela frase:
e senti, sem querer, necessidade quase
de começar alguma coisa...
        Ontem, o amigo
— o precioso banal — encontrou-se comigo.
Ele pôs num sorriso esta frase indiscreta:
— "Então, quando é que acaba essa história, meu poeta?"

A ESPERA

Vem... Não vem... — Olho a rua: é outono. E o outono
tem um grande prestígio emocional:
vem todo cheio de alma e de abandono
e entra em meus nervos lânguidos de sono,
como a ponta excitante de um punhal!

Vem... Não vem... — Na paisagem amarela
da rua doente há um contagioso *spleen*.
Fico auscultando o vidro da janela:
passa um vento nervoso — e eu penso nela;
voa uma folha morta — e eu penso em mim.

Vem... Não vem... — Cada voz perdida, ou cada
figurinha ligeira de estação
toda afogada em peles, na calçada,
ou cada passo nos degraus da escada
marca o compasso do meu coração.

Vem... Não vem... — E esta frase ingênua esvoaça
no ar, desfolhada como um malmequer.
Tamborilando os dedos na vidraça,
eu conto um verso — e no meu verso passa
timidamente um nome de mulher.

Vem... Não vem... Vem... Não vem... — A tarde desce
a mão cansada de dizer adeus...
E eu continuo a minha pobre prece:
— Que seria de mim, se ela não viesse?
E que será quando ela vier, meu Deus?!

NO ASCENSOR

No fundo do saguão de mármores polidos,
onde a graça menina e clara dos vestidos
passeia um luxo colorido de corolas,
sobem e descem duas rápidas gaiolas...
E as aves andam perto. E, como que ainda envoltas
na nuvem que o seu vôo alcançou, muito soltas,
chalram coisas da moda: — um escândalo lindo
durante um chá-dançante; o último frasco vindo
da extravagância parisiense de um droguista;
a nova cor, que oscila entre jade e ametista;
a estréia dos bailados russos...
       — Volta o tubo,
o decote, o peitilho...
     — É a estação...
        — Sobe?
         — Subo.
— Sozinha?
 — Eu desço logo.
      — Adeus!
        — Adeus!
E, enquanto,
branco como um *Pierrot*, rídiculo de espanto,
eu me sinto tão só no saguão tão povoado,
o moço do ascensor, feliz, todo enquadrado
nos losangos da grade extensível e fina,
toma um ar de Arlequim raptando Colombina!

SEGUNDA FASE

O ESPÍRITO MODERNO

ABRACADABRA

Noite de bruxedos.
Entre os arvoredos,
   um repuxo
vibra a vara clara
de cristal, que é a vara
   de um bruxo.

E o *sabbat* desanda
numa sarabanda
   agoureira
de asas, folhas mortas,
galharias tortas
   e poeira.

E são galopadas
de descabeladas
   ventanias...
No alto, as nuvens sujas
são como corujas
   vadias.

Andam maus-olhados
pelos céus lavados
   e grisalhos;
sete estrelas vesgas
piscam dentre as nesgas
   dos galhos.

Tudo rodopia:
fantasmagoria
   de *Kabala*...
Num desassossego,
a asa de um morcego
   tatala.

E ao glu-glu de um mocho
— fogo-fátuo frouxo —
tu ressurges,
minha linda Infanta,
pelo luar de Santa
   Walpurgis!

Sob o céu aziago,
que é um gibão pressago
   de alquimista,
ou de São Cipriano,
meu olhar humano
   te avista.

Olho-te: e, no meio
do saracoteio
   que uiva e ulula,
teu vestido preto,
como um amuleto,
   tremula...

E tremula... E tudo,
vagaroso e mudo,
   se evapora
— bruxas, elfos, duendes —
ao olhar que estendes...
   E agora,

só meu sonho dorme
sob a noite enorme:
   dorme como,
sob um cogumelo,
flácido e amarelo,
   um gnomo...

II — CUBISMO

Um Arlequim feito de cubos
    equilibrados:
    trinta losangos arranjados
    sobre dois tubos.
        — Ele talvez
        jogue xadrez...

No halo, que a lâmpada tranqüila
    rasga, de cima,
esse Arlequim de pantomima
    oscila, oscila,
    e vem... e vai...
    e quase cai...

Mas entra alguém: é uma silhueta
    que espia e passa.
Seu riso é um fruto sob a graça
    da mosca preta.
    — É uma mulher
    como qualquer...

Um gesto só lânguido e doce:
    e, num instante,
Dom Arlequim, o petulante,
    esfarelou-se...
        — Todo Arlequim
        é mesmo assim...

REALIDADE

Ora,
já faz talvez uma hora que fumo e penso
sob a lâmpada e as asas do silêncio.
Sobre a mesa,
a luz de ouro rasgou, como a arena de um circo,
um largo disco
e armou um cone azul sobre a minha cabeça.

É o meu circo. E eu assisto
à pantomima dos meus pensamentos.
Uns são alegres e violentos
como amazonas ariscas...
outros, finos e elásticos
como os malabaristas
que jogam facas, pondo um luxo no seu jogo...
outros, incríveis e fleumáticos
como os homens que comem fogo...
outros, tristes, mais tristes do que os *clowns*
que têm a cara branca, e jogam muito as mãos,
e trazem sobre o ventre um sol de lantejoulas...
outros, inatingíveis
e leves como as bailarinas loiras
que andam nas bolas... outros, impossíveis
como os pequenos japoneses de pés juntos
e olhos oblíquos,
equilibrando longos juncos,
entre sedas que vêm de países longínquos...
E a grande companhia invisível e lenta
representa... representa...

Mas de repente, qualquer coisa
passa: é uma mariposa
que gira e gira e gira e gira
tonta de luz... E eu ponho-me a segui-la:
— e toda a minha *troupe* taciturna
evapora-se no ar.
E fica apenas a mariposa importuna,
única personagem real
daquele circo singular...

ALGUÉM PASSOU

Alguém passou. E a sua sombra,
como um manto que tomba
de um gesto lânguido ficou no meu caminho.

Ora, o sol já se foi e a noite vem devagarinho.
E no entanto
a sombra continua,
nítida e nua,
atirada na terra como um manto.

Faz frio.
Corre pelo meu corpo um áspero arrepio...
E um desejo me vem, tímido e louco,
de agasalhar-me um pouco
nesse manto de sombra morna...

                                  Mas alguém
volta na noite pálida:
volta para buscar sua sombra esquecida.

É dia. E, pela estrada melancólica e árida,
vai tremendo de frio a minha vida...

PIJAMA

Gestos longos que terminam em dedos de unhas
[cor de sangue.
Molezas indianas dos juncos na *jungle*.
Espreguiçamento. Faquirização. Es-pre-gui-ça...
Bungalows coloniais na relva. Capacetes de cortiça
com filós verdes. Mosquiteiras. O sol desdobra
grandes peles de leopardo aos pés das árvores. Uma cobra,
encantada por uma flauta, ergue-se, eletrizada,
petrificada de pé, na ponta da cauda.
Song of India. A rede vai, a rede vem, indolentemente.
O café pequeno e preto esfria na bandeja sobre a esteira,
junto à pilha novidadeira
de jornais e magazines do Ocidente.

A CANÇÃO DO TÉDIO

Anda uma estrela pelo céu,
sozinha, arrastando um véu
   de viúva.
— É a chuva.

Rola um soluço leve no ar,
bem longo no seu rolar,
   bem lento.
— É o vento.

Perpassa o passo oco de algum
fantasma, quieto como um
   segredo.
— É o medo.

Batem à porta. Abro. Quem é?
Uma alta sombra, de pé,
   se eleva.
— É a treva.

Mas, desde então, alguém está
comigo. É inútil. Não há
   remédio.
— É o tédio.

CANÇÃO *BEIGE*

Eu quero fazer a canção
das mulherinhas do meu tempo:
a canção *beige*, por exemplo,
mole, de lã, morna, sem cor,
quase sem rimas, sem amor,
sem nem um pouco de emoção,
como o esportivo coração
ou como os *jerseys*, por exemplo,
das mulherinhas do meu tempo.

Porque este é o tempo do *cocktail*
batido no último *black-bottom*.
Todas as coisas se desbotam
dentro do copo, todas são
iguais: a casca de limão,
a uva, a cereja... E, no *hall* do hotel,
no bar, as flores de *Chanel*
também todinhas se desbotam
batidas no último *black-bottom*.

Esta é a canção sem intenção
e inconseqüente como um *flirt*:
a canção *beige* que reflete
essas bonecas de *kasha*
jogando *golf*, tomando chá,
folheando o *Vogue*... Esta é a canção
em que a apagada sedução
da vida de hoje se reflete
inconseqüente como um *flirt*.

Rádio, *grill-room, sports, films* e *jazz*...
Meu lindo século de feltro,
justo no mundo e liso e neutro
como chapéus numa porção
de cabecinhas (que ainda são
a causa louca que me faz
pensar numa canção capaz
de degradar esse tom neutro
do lindo século de feltro...).

CANTIGA DAS RIMAS PAUPÉRRIMAS

Pobre cantiga prevista
sem ritmo novo nenhum,
sem uma rima imprevista
e sem pensamento algum.

Cantiga sem interesse
que alguém fez para ninguém,
com todo o desinteresse,
e em que ninguém sente alguém.

Pobre cantiga sem gosto,
sempre a mesma, sempre igual,
sem prazer e sem desgosto,
sem nada bem desigual.

Ó cantiga indiferente,
sem motivo e sem um fim,
sem nada de diferente,
de bom ou de mau, enfim!

Minha cantiga... Portanto,
pobre cantiga infeliz,
tão parecida, entretanto,
com minha vida feliz...

A RUA DAS RIMAS

A rua que eu imagino, desde menino, para o meu
[destino pequenino
é uma rua de poeta, reta, quieta, discreta,
direita, estreita, bem-feita, perfeita,
com pregões matinais de jornais, aventais nos portais,
[animais e varais nos quintais;
e acácias paralelas, todas elas belas, singelas, amarelas,
douradas, descabeladas, debruçadas como namoradas
[para as calçadas;
e um passo, de espaço a espaço, no mormaço de aço
[baço e lasso;
e algum piano provinciano, cotidiano, desumano,
mas brando e brando, soltando, de vez em quando,
na luz rala de opala de uma sala uma escala clara
[que embala;
e, no ar de uma tarde que arde, o alarde das crianças
[do arrabalde;
e de noite, no ócio capadócio,
junto aos lampiões espiões, os bordões dos violões;
e a serenata ao luar de prata (Mulata ingrata que me mata...);
e depois o silêncio, o denso, o intenso, o imenso silêncio...

A rua que eu imagino, desde menino, para o meu
[destino pequenino
é uma rua qualquer onde desfolha um malmequer uma
[mulher que bem me quer;
é uma rua, como todas as ruas, com suas duas
[calçadas nuas,
correndo paralelamente, como a sorte diferente de toda
[gente, para a frente,
para o infinito; mas uma rua que tem escrito um nome
[bonito, bendito, que sempre repito
e que rima com mocidade, liberdade, tranqüilidade:
[RUA DA FELICIDADE...

ONDA

que é o pouco
Morno
contorno
da onda
redonda...
Pluma
de espuma,
lenda
de renda,
frase
de gaze,
riso
de guiso...
Ninho
de arminho
onde
se esconde
aéreo
mistério...
Trapo,
farrapo,
lenço
suspenso
pelas
estrelas...
Resto
de um gesto
louco
que é o pouco
que há de
bondade
no alto
mar... Salto
da água
na mágoa
doida
de toda
vida
partida...

EPÍGRAFE

Eu perdi minha frauta selvagem
entre os caniços do lago de vidro.

Juncos inquietos da margem;
peixes de prata e de cobre brunido
que viveis na vida móvel das águas;
cigarras das árvores altas;
folhas mortas que acordais ao passo alípede das ninfas;
algas,
lindas algas limpas:
— se encontrardes
a frauta que eu perdi, vinde, todas as tardes,
debruçar-vos sobre ela! E ouvireis os segredos
sonoros, que os meus lábios e os meus dedos
deixaram esquecidos entre
os silêncios ariscos do seu ventre.

O VASO

O oleiro trabalha na luz tranqüila.
E, sob os seus dedos, da roda silenciosa
um vaso se eleva como uma flor de argila.
Ele modela a base calma, a haste flexuosa
e as asas prontas,
pela curva fugitiva
das ondas,
ou pela folha elegante de oliva,
ou pela folha frisada de acanto.

E ele pinta, em vermelho e negro, a cada canto,
ou lutas de adolescentes;
ou guerreiros nos seus carros de cavalos reluzentes
que são fortes nos seus corpos e são finos nos seus modos;
ou algum deus suave no seu milagre antigo;
os pastores; os barcos... E, nos bordos,
ele escreve o nome do seu amigo.

Quando o homem de lábios lívidos
beber pelo vaso coroado
de rosas, pensará que o vaso alado
é uma boca. E os beijos líquidos
de vinho roxo
cantarão longamente no seu bojo.

O MESTRE

Ele era velho.
Ele era belo.
E era bom como o pão, e era puro como a água.
A sua barba branca e larga
era uma estriga de linho
num fuso de marfim velho. Ele era sozinho.
E era cego, principalmente:
os seus olhos vazios tinham derramado
toda a própria beleza nos olhos da gente
que o viu sentado
no vale profundo,
sob o crepúsculo roxo que ele não via,
o cotovelo fincado na tartaruga
da lira, e a voz criando, pelo som, um mundo.
Um vento de elegia
levava o seu canto e deixava em cada ruga
da sua fronte e da sua veste
uma alma branca...
         Ele era o Mestre.
E era cego, mas belo como um sol na névoa.
E tinha as mãos harmoniosas,
ágeis sobre as cordas como dois pensamentos.
Dos seus olhos ocos saía a treva,
mas dos seus lábios lentos
nasciam as palavras de asas luminosas...

O FOGO NA MONTANHA

Os pastores haviam feito,
de noite, um grande fogo na montanha.
Eles tinham os braços cruzados no peito
e estavam sentados na sombra incerta,
e olhavam o fogo, e ouviam a história
noturna e estranha
que a chama sonora,
agitada como uma língua inquieta,
ia contando.

E a labareda era como uma dançarina
de cabelos livres, dançando
por entre os perfumes bárbaros de resina
e os estalos dos toros de cedro na argila,
uma dança de véus furiosos pelos ares...
— Porque ela pôs uma pupila
nos olhos vazios que não tinham olhares.

O FESTIM — I

1. Eu também atirei numa taça de vinho a pérola de minha alma.
   Todos os homens atiram sua alma, como uma jóia, num copo de vinho.

2. E, ao cair no seio leve desse vinho de fumaça, pesadas de saudade do mar, as pérolas somem: e em verdade vos digo que cada homem, para achá-las, terá que esgotar sua taça.

3. Uns deixam rolar distraidamente no copo cheio a pérola esquecida.
   Outros lançam-na do alto de sua vida, com grandes gestos de tragédia, teatralmente.

4. Uns jogam sua pérola como quem atira um beijo à boca generosa de seu cálice excitante.
   Outros, como quem ergue para o adeus a mão distante, porque entre os lábios da taça murchou flor de um desejo.

5. Uns atiram a jóia olhando num espelho: há intenções de beleza nos seus gestos.
   Outros, chorando: e a jóia cai dos seus olhos abertos, entre lágrimas, dentro do vinho vermelho.

6. Uns com desprezo, outros com cólera, outros com carinho; uns, pálidos, com tédio; outros, lentos, com calma:
   todos têm que lançar a jóia de sua alma dentro de, um copo repleto de vinho.

O FESTIM — VII

1. Mas chegada é já a hora em que as bocas taciturnas
se abrem e as taças se erguem para os brindes
sinistros
E os gestos, sobre a mesa enfeitada de mirtos, sobem lânguidos como uma ascensão de plumas.

2. E toda a sala cresce da elevação dos corpos, e
cheira do perfume das grinaldas loucas,
e ensangüenta-se da cor dos vinhos e das bocas,
e canta do contato múltiplo dos copos.

3. Mas, quando vier o momento em que as taças
vazias murcharem nas mãos lívidas, entre as
unhas de opala,
quem sabe se também há de brilhar a sala do
brilho cor de cinza das pérolas frias?

O FESTIM — XV

1. Por isso, quando na sala obscena das orgias o dia vertical bateu as asas niqueladas,
e as pérolas abriram as pálpebras embaçadas no fundo gelado das taças vazias,

2. só um conviva ainda velava, calado como um segredo, e tinha um copo de âmbar na mão desfalecente;
só uma taça estava cheia de um vinho vermelho e quente, só uma boca tinha sede mas desbotava de medo;

3. e só uma pérola — uma só — continuava escondida sob o vinho em que uma esfinge invisível pusera
a sombra dos seus olhos longínquos de quimera e o reflexo silencioso da sua boca florescida.

4. Quem é esse que, sobre a taça repleta de um vinho alheio, está todo debruçado e vela enquanto os outros dormem?
Quem é esse que tem olhos mergulhadores que somem como pescadores de pérolas no ventre de um copo cheio?

5. Quem é esse que procura a sua pérola cor de ópio? Quem é esse que não sabe, não pode mais encontrá-la?
Quem é esse que tem um vinho que perfuma toda a sala? Quem tem sede mas não ousa dar um beijo no seu copo?

6. Ele é o lunático, o branco, o desolado, o taciturno... O homem que escuta vozes, que vê reflexos no vinho...
Ele é um resto de lua que a noite esqueceu, sozinho, no salão embriagado do banquete noturno...

7. Ele é o sonho de todos os convivas que dormem: e todos eles dormiram sem ver suas pérolas falsas...
Ele viu todas as jóias dentro de todas as taças...
E ele não vê mais a sua... E, no entanto, ele era um homem:

8. ele atirou também numa taça de vinho a pérola de sua alma...
Todos os homens atiram sua alma, como uma jóia, num copo de vinho.

PRELÚDIO N.º 2

Como é linda a minha terra!
Estrangeiro, olha aquela palmeira como é bela:
parece uma coluna reta reta reta
com um grande pavão verde pousado na ponta,
a cauda aberta em leque.
      E na sombra redonda
sobre a terra quente...
          (Silêncio!)
           ...há um poeta.

PRELÚDIO N.º 3

Eu achei na minha terra a frauta de Pan.
Vem ouvir cantar a avena pagã
na ventania
que encanada entre os barrancos assovia,
nos bambus acrobáticos vergados,
no estrondo dos rios despedaçados,
na várzea trêmula e sibilante de arrozais,
no vento cheio de vogais
que chora nas folhas dos canaviais
e conta histórias de bruxas nas casas de telha-vã.

Eu achei a frauta de Pan.

GRAMOFONE

Que grande luz pesada
que cai reta bruta chata na terra parda
e abala o ar e abate as aves
e abafa as árvores!
O silêncio ferve. Apenas dos quintais de esmeralda
vem um canto molhado de linha batido —
batido — batido.

De repente contra
o dia áspero de pó de vidro,
o dia de lixa, alguém risca uma ponta
rascante de ferro: — e uma voz ora fanhosa
ora rouca ora arenosa
rasga ao meio o imenso
o imenso silêncio.

CARTAZ

Paisagem nítida de decalcomania.
No arrabalde novo todo cheio de dia
os *bungalows* apinham-se como cubos brancos.
Nos jardins, sobre os bancos
de travessas verdes e paralelas,
o sol e as folhas jogam bolas amarelas.

Os grandes toldos listados e baixos
põem uma luz estilizada nos terraços.
A sombra forte decalca rigorosamente
as pérgolas geométricas sobre a areia quente.
E pregada no dia branco a paisagem colonial
grita violentamente
como um cartaz moderno num muro de cal.

TERCEIRA FASE

MATURIDADE

SOLIDÃO

Busquei meu semelhante.

Andei a vida,
andei o mundo:
andei o tempo,
andei o espaço.
Treva. Treva. Treva.
Acendi minha lâmpada.
Véu que saiu do meu corpo,
ritmo que saiu do meu gesto:
um crepe em vôo
atirou-se no chão,
subiu pela parede,
debateu-se contra o teto.

Nem minha própria sombra
se parece comigo.

INSÔNIA

A lâmpada acesa enxerga
a noite toda apagada.

A chuva conta nos canos
a história das telhas velhas.

O soalho e os móveis conversam
nos cantos, aos estalidos.

Meu pulso soma dez tocos
de cigarro no cinzeiro.

Teu nome tem só seis letras.
Li três livros de uma vez.

ROMANCE DO SILÊNCIO

O cinema do tempo de Carlito.
Duas estrelas conversando no infinito.
A espera do cigarro evaporado.
Um relógio parado.
Livros na estante.
O nariz verde na vidraça vigilante.
Sopros do céu.
Gestos de véu.
O auto que pára numa esquina: asfalto e pneus.
Salto do coração: "Meu Deus! Meu Deus!"
Pés cautelosos pela escada de pelúcia.
A raposa prateada e os seus olhos de astúcia.
A mão que se abandona.
As luvas, o chapéu e a bolsa na poltrona.
Um gosto de *bâton*.
O movimento de onda do *édredon*.
O cortinado — Anjo da Guarda — abrindo as asas.
A manhã cor-de-cinza sobre brasas.
A plataforma antes que o trem chegasse.
O caminho da lágrima na face.
Uma carta extraviada.
Um telefone que não respondeu.
Nada.
Eu.

BIG CITY BLUES

Noite. Tédio. Vitrola.
Do disco negro uma espiral se desenrola
e estica-se no céu. E nessa corda tesa
toda a minha tristeza
balança
e dança...
E, nem sei bem por que,
eu começo a escrever para você:

— "Como eu penso em você nesta noite de insônia!
"Lá em baixo, alva de lua, a cidade ressona:
"a cidade que foi minha cidade...
"Foi. Não é mais. Agora é uma pobre saudade,
"uma saudade longa de mim mesmo,
"de você, de nós dois, de tudo o que vivemos
"por essas ruas tristes, paralelas,
"que não se encontram mais... (Não serão elas
"como nós dois, agora?...).
"Como eu me lembro, amor! Desde aquela hora
"em que os seus olhos pálidos roçaram
"pelos meus; e os meus olhos se fecharam
"um pouco, como para
"reter aquela mocidade clara
"que passava por eles, como passa,
"cheia de graça,
"a mocidade ao longo de uma vida..."

Mas minha mão parou. Da pena adormecida
ficaram, no papel inerte em que eu escrevo,
em vez do meu amor, estes versos sem nervos...
Meus "diabinhos azuis",
meus pobres *big city blues*...

UMA CARTA EXTRAVIADA

"Minha Única
    Sim. É bem verdade. Faz
"tanto tempo, meu Deus, que não escrevo! Mas,
"procure compreender o meu silêncio!
"É o meu único bem: é tudo o que
"ainda acho em mim de bom para dar a você.
"O meu silêncio! Pense nele, como eu penso!
"De tudo isto que sou, e que a vida me deu,
"só o meu silêncio é realmente 'meu'.
"Não é o olhar que dispara e vai partir-se contra
"qualquer primeiro obstáculo que encontra...
"Não é a frase que foge e esvoaça, tonta,
"e vai pôr em qualquer ouvido o seu gorjeio,
"como uma ave exilada em ninho alheio...
"Não é o gesto que sobe e que desenha no ar
"a alma da gente ante qualquer olhar...
"Não é o beijo que bóia, fútil, sobre o nível
"de qualquer pele, como flor na água sensível...
"Não! É o silêncio! O 'meu' silêncio...
"Ah! pense um pouco nele, como eu penso!
"É o olhar que eu não soltei das pálpebras: aquele
"que era da alma — e minha alma precisava dele...
"É a palavra que não feriu nenhum ouvido,
"porque era cada sílaba o batido
"de um pobre coração em sobressalto:
"e o coração não sabe falar alto...
"É o gesto que o meu corpo — único sonho seu —
"sonhou: e, por ser sonho, nunca 'aconteceu...'
"É o beijo que ficou, inerte e trêmulo, entre
"os meus lábios, erguendo um gládio ardente,
"proibitivo como um Anjo à frente
"de um Paraíso Perdido...
                  O 'meu' silêncio!
"Ah! pense um pouco nele, como eu penso!''.

          * * *

[Essa é a carta extraviada: a que o Acaso divino
não deixou que chegasse ao seu destino,
para que nunca, nunca se perdesse,
quebrando, o encanto bom de um silêncio como esse].

CARTA À MINHA ALMA

Minha desconhecida
                Nós vivemos
num mundo tão pequeno para nós,
tão juntos — e ainda não nos conhecemos.
Você não sabe ainda a cor
dos meus olhos, nem a inflexão da minha voz,
nem o humano calor
das minhas pobres mãos de barro,
nem o perfume azul do meu cigarro...
Eu ainda não sei a altura do seu céu,
nem o vôo levíssimo do véu
dos seus sonhos e dos seus dedos,
nem o nível dos seus folguedos,
nem o fundo dos seus segredos...
No entanto, um mesmo teto abençoa e agasalha
nossas vidas alheias
(como é um mesmo o que abriga o crente e a santa):
moramos paredes-meias,
como o homem triste que trabalha
e a menina boêmia que canta...
Nós somos dois anônimos vizinhos.
E, para sermos "dois" no mundo, para
sermos assim sozinhos,
entre a nossa recíproca ignorância,
entre nós dois, há apenas a distância
da parede comum que nos separa.
Ela chama-se "Vida".
Só ela nos divide — a opaca intrometida.
Contra essa intrusa, para disfarçá-la
eu, daqui do meu lado, ao longo desta sala,
estendi numa longa, longa estante
toda uma biblioteca anestesiante.
Do seu lado, ela deve estar vestida
com um chale de cachemira sobre o qual
ressona o oco de uma guitarra adormecida,
e fenece um retrato íntimo e antigo, a lápis,
com uma florzinha pálida dos Alpes
esmigalhada no cristal...
Assim tão juntos nós vivemos
e infelizmente nem sequer nos conhecemos.

Hoje, não sei por que,
tive vontade de escrever para você,
de perguntar baixinho ao seu ouvido:
— Diga! para que nós nos encontremos
será preciso, então, que algum ciclone
se abata sobre nós e desmorone
a parede comum que nos separa: a Vida?
Ou — o que para mim será mais morte ainda —
minha linha imortal, minha alma linda,
será que alguma vez nós já nos encontramos
e, sem nos ver, sem nos reconhecer, passamos?...

O POEMA DAS MÃOS

Foi por um tempo de aço cortante
de um julho cor-de-aço, cortante de frio.
Vinham da terra, direitas, em retas
— como o rastilho que deixa na gleba
a lâmina firme dos nossos arados,
como os cafeeiros das nossas fazendas,
como os dormentes das nossas estradas,
como o listado da nossa bandeira... —
vinham da terra, direitas, em retas,
filas e filas de voluntários.
Vinham, chegavam, passavam, partiam
sob os aplausos, sob as carícias,
sob os adeuses de mãos abertas:
mãos de mulheres, mãos como palmas,
não de martírio, mas de Vitória;
mãos espalmadas, brancas no céu
como altos vôos de aves gloriosas,
como volutas claras de incenso,
como ascensões de almas aladas,
como alvas asas de anjos da guarda...
Sempre essas mãos, sempre acenando,
sempre abençoando, sempre guiando...
Mãos que ajeitaram sobre a cabeça
de pais, esposos, filhos, irmãos,

o capacete de aço abençoado
pela pureza do seu contato;
mãos que espetaram flores nos canos
finos e frios das carabinas,
que deram balas às cartucheiras,
água aos cantis e pão aos bornais;
mãos que pontearam o cáqui das fardas
e o tricô morno dos agasalhos
para tingir-se do mesmo sangue
que, acelerado, nelas corria;
mãos que despiram toda a vaidade
dos dedos santos para juntarem
seus bens aos cofres do Nosso Bem;
mãos de uma raça que dá, não pede,
pedindo esmolas, como mendigas,
à porta... à porta da própria casa;
mãos namoradas sonhando sobre
o papel branco das cartas que iam
fazer os homens morrer sorrindo;
mãos religiosas, alvas mãos postas:
postas à sombra de altos altares
para dar asas à nossa terra;
mãos como um bálsamo, leves e suaves,
cicatrizando a funda ferida,
ou enxugando a lágrima ardida
nos corredores dos hospitais,
ou então fechando pálpebras frias
sobre os olhares que se apagaram
para que, um dia, novos olhares
vejam a glória que eles não viram...

Dizem que as mãos trazem escrito
na fina trama das suas linhas
um vaticínio inevitável.
Dizem. E eu creio. Creio que tudo,
tudo o que fomos e o que seremos
— a nossa história, o nosso destino —
tudo está escrito, graças a Deus,
mulher Paulista, nas tuas mãos!

A HÓSPEDE

Não precisas bater quando chegares.
Toma a chave de ferro que encontrares
sobre o pilar, ao lado da cancela,
    e abre com ela
a porta baixa, antiga e silenciosa.
Entra. Aí tens a poltrona, o livro, a rosa,
o cântaro de barro e o pão de trigo.
    O cão amigo
pousará nos teus joelhos a cabeça.
Deixa que a noite, vagarosa, desça.
Cheiram à relva e sol, na arca e nos quartos,
    os linhos fartos,
e cheira a lar o azeite da candeia.
Dorme. Sonha. Desperta. Da colméia
nasce a manhã de mel contra a janela.
    Fecha a cancela
e vai. Há sol nos frutos dos pomares.
Não olhes para trás quando tomares
o caminho sonâmbulo que desce.
    Caminha — e esquece.

SEGUNDA CANÇÃO
DO PEREGRINO

Vencido, exausto, quase morto,
cortei um galho do teu horto
e dele fiz o meu bordão.

Foi minha vista e foi meu tato:
constantemente foi o pacto
que fez comigo a escuridão.

Pois nem fantasmas, nem torrentes,
nem salteadores, nem serpentes
prevaleceram no meu chão.

Somente os homens, que me viam
passar sozinho, riam, riam,
riam, não sei por que razão.

Mas, certa vez, parei um pouco,
e ouvi gritar: — "aí vem o louco
que leva uma árvore na mão!"

E, erguendo o olhar, vi folhas, flores,
pássaros, frutos, luzes, cores...
— Tinha florido o meu bordão.

ASSIM...

I

Assim,
nas sombras móveis do jardim,
irei,
calmo e confiante como um rei,
buscar
na rosa que desabrochar
o amor
que verte sangue em sua cor:

o ciúme:
alma sutil do seu perfume;
a vida
em seu destino: ser colhida;
a glória
em sua pompa transitória;
a sorte
em sua mansa entrega à morte.

II

Assim,
nas sombras móveis do jardim
caminho.
É morta a rosa. É vivo o espinho.

O PENSAMENTO

O ar. A folha. A fuga.
No lago, um círculo vago.
No rosto, uma ruga.

HORA DE TER SAUDADE

Houve aquele tempo...
(E agora, que a chuva chora,
ouve aquele tempo!)

CARIDADE

Desfolha-se a rosa:
parece até que floresce
o chão cor-de-rosa.

AQUELE DIA

Borboleta anil
que um louro alfinete de ouro
espeta em abril.

SILÊNCIO

Uma tosse rouca.
Lã mole. O *store* que bole.
A noite opaca e oca.

A INSÔNIA

Furo a terra fria.
No fundo, em baixo do mundo,
trabalha-se: é dia.

MOCIDADE

Do beiral da casa
(ó telhas novas, vermelhas!)
vai-se embora uma asa.

HISTÓRIA DE ALGUMAS VIDAS

Noite. Um silvo no ar.
Ninguém na estação. E o trem
passa sem parar.

INFÂNCIA

Um gosto de amora
comida com sol. A vida
chamava-se "Agora".

LEMBRANÇA

Confete. E um havia
de se ir esconder, e eu vir
a encontrá-lo, um dia.

O POETA

Caçador de estrelas.
Chorou: seu olhar voltou
com tantas! Vem vê-las!

CIGARRA

Diamante. Vidraça.
Arisca, áspera asa risca
o ar. E brilha. E passa.

GAROA

Por um mundo quase
aéreo, há um vago mistério.
Passa o Anjo de Gaze.

NÓS DOIS

Chão humilde. Então,
riscou-o a sombra de um vôo.
"Sou céu!" disse o chão.

CIGARRO

Olho a noite pela
vidraça. Um beijo, que passa,
acende uma estrela.

CONSOLO

A noite chorou
a bolha em que, sobre a folha,
o sol despertou.

VELHICE

Uma folha morta.
Um galho no céu grisalho.
Fecho a minha porta.

CHUVA DE PRIMAVERA

Vê como se atraem
nos fios os pingos frios!
E juntam-se. E caem.

MEIO-DIA

Sombras redondinhas.
Soldados de pau fincados
sobre rodelinhas.

NOTURNO

Na cidade, a lua:
a jóia branca que bóia
na lama da rua.

MERCADO DE FLORES

Fios. Alarido.
Assaltos de pedra. Asfaltos.
E um lenço perdido.

N — W

Dilaceramentos.
Pois tem espinhos também
a rosa-dos-ventos.

EQUINÓXIO

No fim da alameda
há raios e papagaios
de papel de seda.

O SONO

Um corpo que é um trapo.
Na cara, as pálpebras claras
são de esparadrapo.

UM RITMO DA VIDA

O berço vai e vem.
Mas vai como o quê? — Um ai.
E vem? — Sem ninguém.

OS ANDAIMES

Na gaiola cheia
(pedreiros e carpinteiros)
o dia gorjeia.

TRISTEZA

Por que estás assim,
violeta? Que borboleta
morreu no jardim?

PERNILONGO

Funga, emaranhada
na trama que envolve a cama,
uma alma penada.

PESCARIA

Cochilo. Na linha
eu ponho a isca de um sonho.
Pesco uma estrelinha.

OUTONO

Sistema nervoso,
que eu vi, da folha sorvida
pelo chão poroso.

JANEIRO

Jasmineiro em flor.
Ciranda o luar na varanda.
Cheiro de calor.

DE NOITE

Uma árvore nua
aponta o céu. Numa ponta
brota um fruto. A lua?

QUIRIRI

Calor. Nos tapetes
tranqüilos da noite os grilos
fincam alfinetes.

PASSADO

Esse olhar ferido,
tão contra a flor que ele encontra
no livro já lido!

FILOSOFIA

Lutar? Para quê?
De que vive a rosa? Em que
pensa? Faz o quê?

UM SALGUEIRO

A asa. A luz que pousa.
O vento... É o estremecimento
vão por qualquer coisa.

VENTO DE MAIO

Risco branco e teso
que eu traço a giz, quando passo.
Meu cigarro aceso.

FRIO

Neblina? ou vidraça
que o quente alento da gente,
que olha a rua, embaça?

OUTUBRO

Cessou o aguaceiro.
Há bolhas novas nas folhas
do velho salgueiro.

O BOÊMIO

Cigarro apagado
no canto da boca, enquanto
passa o seu passado.

FESTA MÓVEL

Nós dois? — Não me lembro.
Quando era que a primavera
caía em setembro?

ROMANCE

E cruzam-se as linhas
no fino tear do destino.
Tuas mãos nas minhas.

O HAICAI

Lava, escorre, agita
a areia. E enfim, na batéia,
fica uma pepita.

Paraíso perdido que eu achei!
Tua essência que é tudo em meu todo que é nada.
Quanto mais juntos, tanto mais sozinhos.
Alternativamente a noite e o dia.
O que de olhos abertos eu não via.
Sem nunca ter começo, teve fim.
A mentira da vida e a verdade do sonho.
Mas nem sequer ouviste o que eu não disse.
E partiste. E eu fiquei no dia sem paisagem.
Nos meus fecundos arrependimentos.
Cai o pano final das pálpebras fechadas.

DEFINIÇÃO DE POESIA

Aí está a rosa,
aí está o vaso,
aí está a água,
aí está o caule,
aí está a folhagem,
aí está o espinho,
aí está a cor,
aí está o perfume,
aí está o ar,
aí está a luz,
aí está o orvalho,
aí está a mão
(até a mão que colheu).
Mas onde está a terra?
Poesia não é a rosa.

A IDÉIA

Qualquer coisa apodrece na terra.
Qualquer coisa se decompõe no ar.
Gases, emanações, efervescências.
Há uma oscilação mole na quietude,
um vaivém de líquido grosso na sombra,
um remanso oleoso nas praias da solidão,
um fluxo e refluxo nos acontecimentos da noite.
E agora uma bolha sobe e borbulha
e estala à tona do meu pensamento.
Percebo a fermentação do silêncio.

ESQUINAS

Quem virá ao meu encontro
na rua que cruza com a minha?

Ângulos do acaso,
encruzilhadas do tempo,
cotovelos do espaço,
face a face com o inédito,
sustos com o irreconhecível,
encontrões com o imprevisto:
esquinas do mundo.

A vida mora nas esquinas.

ÁLIBI

Não estive presente
quando se perpetrou
o crime de viver:
quando os olhos despiram,
quando as mãos se tocaram,
quando a boca mentiu,
quando os corpos tremeram,
quando o sangue correu.
Não estive presente.
Estive fora, longe
do mundo, no meu mundo
pequeno e proibido
que embrulhei e amarrei
com cordéis apertados
de meridianos meus
e de meus paralelos.
Os versos que escrevi
provam que estive ausente.

Eu estou inocente.

ACALANTO

Dorme! Sobre o teu sono há um pensamento
vindo na asa de fuga do momento.

Mandaste o olhar para não sei que exílios:
nem o peso da luz pesa em teus cílios.

O ponteiro parou contra o quadrante
seu dedo de silêncio vigilante.

Dorme! Há outros sonos estirados pelas
sombras, no acampamento das estrelas.

Dorme a noite da flor! Sonha a meu lado,
rosa dormida à beira de um pecado!

A VOZ REMOTA

Fantasma de gaze,
    a bruma
resvala em chão quase
    de pluma.

E vai. E deslumbra
    e assombra
o vago: penumbra
    e sombra.

Recuos, em torno,
    das cousas
de alvor e contorno
    de lousas.

É quando se nota
    que se ouve
a voz já remota
    do que houve.

VONTADE

Eu quis o desejo nu que corta
o branco inútil do irreconhecível.
E as areias deram lírios,
e a cinza distanciou
os dedos estendidos para a forma,
para os planos e para as raízes;
e a sombra não disse
o gosto longínquo dos copos emborcados.

LUZ AMARELA

Todas as anunciações da vida
oscilam no fundamental.
Almas conexas nos corpos côncavos
fazem parar o trânsito na luz amarela.
Chove terra sobre as lágrimas sem sono
e mesmo para o carvão poroso
a gravitação é um fato.

ADOLESCÊNCIA

O círculo parado no rosto da água paralela.
Todas as ausências comparecem.
Ó punhais de cristal das ironias oblíquas!
E os braços da vida vertendo leite:
o leite negado das oliveiras
e das tempestades.

PASSADO

Na gratuidade imanente
de meus passos compassivos
reside a simples vivência
de alguns sonhos destituídos.

Restituições sem destino
à margem do desconsolo
alegram meu rosto antigo
situado no nível louco.

São frutos ou são estrelas
os olhos na sombra alada?
Quem foi que acendeu as sedas
de tanta tristeza clara?

OBLIVION

Havia os anjos ainda na plataforma.
Dois ponteiros caídos
e uma erva pálida
falavam de um silêncio elástico.
Vogavam pétalas de descobrimento
à flor das enxurradas.
E um gesto de olvido
chorava adeuses.

PARTICIPAÇÃO

Não sei, mas sou eu.

Quem acende as conchas,
quem nega a folhagem,
quem escuta a poeira,
quem resolve os mastros,
quem consulta os cactos,
quem queima os relógios,
quem dobra os luares
— não sei, mas sou eu.

CONVITE À POESIA

Excerto inicial

Vem ó minha Alma! Deixa essa vida aritmética
que soma, diminui, multiplica, divide;
que acredita em si mesma e se finge de cética,
e que erra sempre, e acerta só quando coincide!
Eis as formas que, dia e noite, ante outros tomo
(sim, porque a noite é um quadro-negro e o dia, um giz):
"maior que", "menor que", "está para", "assim como",
"igual a", "fração de", "logaritmo de x"...

Deixa essas nigromancias vãs, e a prisão baixa
do comprimento, da largura e da espessura:
a quarta dimensão, no incógnito em que se acha,
tem mais distância, mais conforto, mais altura.

Em três colunas no ar o homem pousou seu teto:
o Progresso, a Cultura e a Civilização.
Prefere o pedestal do esquecido Arquiteto:
sobe à Sabedoria e dá-me a tua mão!

Dinheiro? lei? moral? pátria? máquina? ciência?
política? família? arte? literatura?...
— são cousas que o homem faz e adora na inconsciência
do criador que se sujeita à criatura.

Busca a Sombra, o Silêncio e a Solidão: três SS,
três serpentes do teu Paraíso Interior.
Prova o fruto que, assim, tu mesma te ofereces:
chama-se Pensamento e é até melhor que o Amor...

CANÇÃO DO EXPEDICIONÁRIO

Rapsódia que cantaram os soldados brasileiros nos campos de batalha da Europa.

I

Você sabe de onde eu venho?
Venho do morro, do engenho,
das selvas, dos cafezais,
da boa terra do coco,
da choupana onde um é pouco,
dois é bom, três é demais.

Venho das praias sedosas,
das montanhas alterosas,
do pampa, do seringal,
das margens crespas dos rios,
dos verdes mares bravios,
de minha terra natal.

Estribilho

Por mais terras que eu percorra,
não permita Deus que eu morra
sem que volte para lá;
sem que leve por divisa
esse "V" que simboliza
a Vitória que virá:

Nossa Vitória final,
que é a mira do meu fuzil,
a ração do meu bornal,
a água do meu cantil,
as asas do meu ideal,
a glória do meu Brasil!

Estribilho

Por mais terras que eu percorra... etc...

II

Eu venho da minha terra,
da casa branca da serra
e do luar do sertão;
venho da minha Maria
cujo nome principia
na palma da minha mão.

Braços mornos de Moema,
lábios de mel de Iracema
estendidos para mim!
Ó minha terra querida
da Senhora Aparecida
e do Senhor do Bonfim!

Estribilho

Por mais terras que eu percorra... etc...

III

Você sabe de onde eu venho?
É de uma pátria que eu tenho
no bojo do meu violão;
que de viver em meu peito
foi até tomando o jeito
de um enorme coração.

Deixei lá atrás meu terreiro,
meu limão, meu limoeiro,
meu pé de jacarandá,
minha casa pequenina
lá no alto da colina
onde canta o sabiá.

Estribilho

Por mais terras que eu percorra... etc...

IV

Venho de além desse monte
que ainda azula no horizonte,
onde o nosso amor nasceu;
do rancho que tinha ao lado
um coqueiro que, coitado,
de saudade já morreu.

Venho do verde mais belo,
do mais dourado amarelo,
do azul mais cheio de luz,
cheio de estrelas prateadas
que se ajoelham, deslumbradas,
fazendo o Sinal da Cruz!

Estribilho

Por mais terras que eu percorra... etc...

AS TRÊS MENINAS

Três meninas na varanda,
com seu mister cada qual:
uma fiando fio claro
como fio de cristal;
outra liando contas de âmbar
com trancelim e torçal;
a terceira, ponto a ponto,
bordando o seu enxoval.

Três meninas na varanda,
com seu mister cada qual.
Cavaleiro, que passava
no seu ginete real,
uma rosa na manopla
tauxiada de ouro e coral,
lança a rosa às três meninas
(qual das três é o seu ideal?),
finca esporas, vai-se e voa
no seu corcel Vendaval.

Sustam logo as três meninas,
o seu mister cada qual.
— "Quem cortou meu fio claro
como fio de cristal?"
— "Quem deixou fugir as contas
ao trancelim e ao torçal?"
— "Quem quebrou a minha agulha
com que eu bordava o enxoval?"
Três meninas acenando
com seu lenço cada qual:
— "Voltai, voltai, cavaleiro,
no cavalo Vendaval!
Vinde buscar vossa rosa,
que essa rosa é flor de mal:
é um coração cada pétala,
e cada espinho, um punhal!"

Três meninas na varanda.
Mais nada. Ponto final.

BRANCA ROSA

— "Branca Rosa, Branca Rosa,
por que estais tão branca assim?"
— "É a neve, que caiu tanta
esta noite no jardim."
— "Não será neve, que a neve
não pode ser branca assim."
— "Vesti cambraia lavada
com agüinha de alecrim."
— "Cambraia, por mais lavada,
não chega a ser branca assim."
—"Fiei-a em roca de prata
com meu fuso de marfim."
—"Não há marfim, nem há prata
que sejam brancos assim."
—"O luar dormiu comigo
no meu lençol de cetim."
— "Não houve lua esta noite,
nem há luar branco assim."

—"Branca Rosa, Branca Rosa,
por que estais tão branca assim?"
—"Má hora passou o conde:
e o conde olhou para mim.
Vesti vestido de noiva,
branco do véu ao chapim.
Mandou que eu viesse e esperasse:
e por isso foi que vim.
E, volte ou não volte o conde,
esperarei até o fim:
até que daqui me levem
amortalhada, ai de mim!"

Branca Rosa, Branca Rosa,
vai tão branca, sem carmim!
Rosa branca desfolhada
nunca foi tão branca assim.

RUA

A rua mastiga
os homens: mandíbulas
de asfalto, argamassa,
cimento, pedra e aço.

A rua deglute
os homens: e nutre
com eles seu sôfrego,
onívoro esôfago.

A rua digere
os homens: mistério
dos seus subterrâneos
com cabos e canos.

A rua dejeta
os homens: o poeta,
o agiota, o larápio,
o bêbado e o sábio.

BIOGRAFIA

Guilherme de Almeida (1890-1969) nasceu em Campinas (SP) e estreou em 1917 com o livro *Nós*, de feitura romântico-simbolista. No início dos anos 20 já era poeta consagrado, e sua poesia simples e cativante, a preferida dos declamadores de salão paulistanos da época. Talvez por isso, sua adesão às idéias estéticas do Movimento Modernista tenha causado escândalo entre os intelectuais conservadores.

Sua vida foi, muitas vezes, tumultuada e fascinante. Com a ascensão de Getúlio Vargas ao poder, abraçou a causa constitucionalista e alistou-se como soldado raso na revolução de 1932. Isso lhe custaria um ano de exílio em Portugal, onde foi recebido com honras de herói e como um dos maiores poetas da língua.

Na vida cotidiana, entretanto, era secretário de escola de subúrbio, e também jornalista e cronista de cinema. Tornou-se uma espécie de poeta oficial a partir da Segunda Grande Guerra, quando compôs a famosa "Canção do Expedicionário", logo entoada em todo o país. Em 1959 foi eleito Príncipe dos Poetas Brasileiros.

Ao falecer, dias antes de completar 79 anos, Guilherme de Almeida, que era tido como o mais romântico dos poetas modernistas, deixou um legado de 27 livros de poemas, seis obras em prosa e quatro outras traduzidas do francês.

BIBLIOGRAFIA

Poesia

Nós, Seção de Obras de O Estado de S. Paulo, 1917.
A dança das horas, Seção de Obras de O Estado de S. Paulo, 1919.
Messidor, Casa Editora O Livro, 1919.
Livro de horas de Sóror Dolorosa, Oficinas de O Estado de S. Paulo, 1920.
Era uma vez..., Casa Mayença, 1922.
A frauta que eu perdi — Canções gregas, Anuário do Brasil, 1924.
Meu, Tipografia Paulista, 1925.
Raça, Tipografia Paulista, 1925.
A flor que foi um homem — Narciso, Livraria do Globo, 1925.
Encantamento, Livraria do Globo, 1925.
Simplicidade, Companhia Editora Nacional, 1929.
Carta à minha noiva, Companhia Editora Nacional, 1931.
Você, Companhia Editora Nacional, 1931.
Cartas que eu não mandei, Editora Guanabara, 1932.
Acaso, Companhia Editora Nacional, 1938.
Cartas do meu amor, Livraria Martins Editora, 1941.
Poesia vária, Livraria Martins Editora, 1947.
O anjo de sal, Edições Alarico, 1951.
Toda a poesia (em seis volumes), Livraria Martins Editora, 1952.
Acalanto de Bartira, Editora Elvino Poccai, 1954.
Camoniana, Livraria José Olympio Editora, 1956.
Pequeno romanceiro, Livraria Martins Editora, 1957.
Rua, Livraria Martins Editora, 1961.
Rosamor, Livraria Martins Editora, 1965.

Meus versos mais queridos (antologia), Edições de Ouro, 1967.

Os sonetos de Guilherme de Almeida, Livraria Martins Editora, 1968.

Prosa

Natalika, Edição Candeia Azul, 1924; reedição Editora da Unicamp, 1992.

Do sentimento nacionalista na poesia brasileira e Ritmo, elemento de expressão, Tipografia da Casa Garraux, 1926.

Gente de cinema, Sociedade Impressora Paulista, 1929.

O meu Portugal, Companhia Editora Nacional, 1933.

Histórias, talvez..., Companhia Melhoramentos, 1948.

Cosmópolis, Companhia Editora Nacional, 1962.

Traduções

Eu e você, de Paul Géraldy, Companhia Editora Nacional, 1932.

Poetas de França, Companhia Editora Nacional, 1936.

Flores das "Flores do Mal", de Charles Baudelaire, Livraria José Olympio Editora, 1944.

A Antígone, de Sófocles, Edições Alarico, 1952.